BEI GRIN MACHT SICH IHR WISSEN BEZAHLT

- Wir veröffentlichen Ihre Hausarbeit, Bachelor- und Masterarbeit

- Ihr eigenes eBook und Buch - weltweit in allen wichtigen Shops

- Verdienen Sie an jedem Verkauf

Jetzt bei www.GRIN.com hochladen und kostenlos publizieren

Lynn Bay

Pädagogik in der NS-Zeit

GRIN Verlag

Bibliografische Information der Deutschen Nationalbibliothek:

Die Deutsche Bibliothek verzeichnet diese Publikation in der Deutschen National-
bibliografie; detaillierte bibliografische Daten sind im Internet über http://dnb.d-
nb.de/ abrufbar.

Impressum:

Copyright © 2013 GRIN Verlag GmbH
Druck und Bindung: Books on Demand GmbH, Norderstedt Germany
ISBN: 978-3-656-64356-2

Dieses Buch bei GRIN:

http://www.grin.com/de/e-book/272382/paedagogik-in-der-ns-zeit

GRIN - Your knowledge has value

Der GRIN Verlag publiziert seit 1998 wissenschaftliche Arbeiten von Studenten, Hochschullehrern und anderen Akademikern als eBook und gedrucktes Buch. Die Verlagswebsite www.grin.com ist die ideale Plattform zur Veröffentlichung von Hausarbeiten, Abschlussarbeiten, wissenschaftlichen Aufsätzen, Dissertationen und Fachbüchern.

Inhalt

I. Einleitung

Die Hintergründe des Nationalsozialismus und seines „Erfolgs" in Deutschland von 1933 bis 1945 stehen noch heute häufig zur Diskussion. Rechtsextremismus und Rassismus sind nicht mit dem Ende des Zweiten Weltkriegs ausgestorben, sondern finden noch immer Anhänger. Ebenso aktuell ist die Frage nach einem Verbot der NPD, welche schon seit 2001 Deutschlands Regierung beschäftigt und die bis zum Zeitpunkt des Verfassens dieser Arbeit noch nicht geklärt wurde.[1] Wenn man mit den Ausmaße – der Zahl der Todesopfer, die der Nationalsozialismus forderte – vertraut ist, dann fällt es wahrscheinlich nicht leicht, die Motivation hinter den Taten der führenden NSDAP Mitglieder und den Teilen der Bevölkerung, die nicht versuchten sich gegen den totalitären Staat zu wehren, zu verstehen. Allerdings basierte der NS-Staat auf Indoktrination, und zwar in einem Ausmaß, das man sich als in einer Demokratie lebender Mensch kaum vorstellen kann. Dass diese Indoktrination bereits im Kindesalter ihren Anfang haben und den Rest des Lebens weitergehen müsse, war bereits Hitler selbst klar. Dazu wurden eigene erziehungswissenschaftlich Theorien entwickelt und das Schulsystem sowie die Lehrpläne absolut an die Ideologie des NS-Staates angepasst. Unter Hitler war die Arbeit mit Kindern und Jugendlichen – zum Zweck der Indoktrination – so wichtig, dass eigens dafür die Jugendgruppen HJ und BDM eingerichtet wurden. Ziel dieser Arbeit soll nun sein, die nationalsozialistische Ideologie Hitlers und ihre Umsetzung durch führende Pädagogen der NS-Zeit sowie ihre Anwendung im Schulalltag und in den genannten Jugendgruppen zu betrachten.

II. Pädagogik der NS-Zeit

1. NS- Ideologie in der Pädagogik

Dieser Abschnitt soll einen Überblick über verschiedene Erziehungswissenschaftler der NS-Zeit bieten und aufzeigen, wie der Nationalsozialismus und Hitlers Vorstellung von Erziehung – auf die zu Beginn eingegangen wird – ihre Theorien beeinflusste.

---

[1] Süddeutsche.de: http://www.sueddeutsche.de/thema/NPD-Verbotsverfahren, aufgerufen am 05.03. 2013.

Schon in seinem Buch „Mein Kampf" hielt Adolf Hitler seine Vorstellungen zum Thema Erziehung fest, aber besonders am 2. 12. 1938 in seiner Rede vor Kreisleitern in Reichenberg wird deutlich, wie sehr absolute Kontrolle und Indoktrination in seiner Idee von Erziehung hervorgehoben werden:

> Diese Jugend, die lernt ja nichts anderes als deutsch denken, deutsch handeln, und wenn diese Knaben mit zehn Jahren in unsere Organisation hineinkommen und dort oft zum erstenmal überhaupt eine frische Luft bekommen und fühlen, dann kommen sie vier Jahre später vom Jungvolk in die Hitlerjugend, und dort behalten wir Sie wieder vier Jahre. Und dann geben wir Sie erst recht nicht zurück in die Hände unsrer alten Klassen-und Standeserzeuger, sondern dann nehmen wir Sie sofort in die Partei, in die Arbeitsfront, in die SA oder in die SS, in das NSKK und so weiter. Und wenn sie dort zwei Jahre oder anderthalb Jahre sind und noch nicht ganze Nationalsozialisten geworden sein sollten, dann kommen sie in den Arbeitsdienst und werden dort wieder sechs und sieben Monate geschliffen, alles mit einem Symbol, dem deutschen Spaten. Und was dann nach sechs oder sieben Monaten noch an Klassen- und Standesdünkel da oder da noch vorhanden sein sollte, das übernimmt die Wehrmacht zur weiteren Behandlung auf zwei Jahre, und wenn sie nach zwei, drei oder vier Jahren zurückkehren, dann nehmen wir sie, damit sie auf keinen Fall rückfällig werden, sofort wieder in die SA, SS und so weiter, und sie werden nicht mehr frei ihr ganzes Leben und sie sind glücklich dabei.[2]

Wichtig ist für Hitler, dass Deutschlands Jugend wirklich nur eine Sache lernt, und zwar nur, was mit dem Nationalsozialismus vereinbar ist. Andere Einflüsse darf es nicht geben. Es fällt außerdem auf, dass von den Eltern absolut keine Rede ist. Man kann sogar davon ausgehen, dass für die Pädagogen des NS-Staates die Eltern eher als Hindernis angesehen wurden. Für Hitler ist klar, wie er in diesem Abschnitt zum Ausdruck bringt, dass der Erfolg seines Staates in der Unfreiheit der Bürger begründet ist. Deshalb sollen die Jugendlichen ab dem zehnten Lebensjahr – und schon früher, wie an späterer Stelle erläutert werden wird – ins System, repräsentiert durch seine Institutionen, als HJ, Wehrmacht, etc., aufgenommen und nicht wieder entlassen werden. Was Hitler vorschwebt ist im Grunde nichts anderes als kontinuierliche Gehirnwäsche, absolut in ihrer Lückenlosigkeit, Unfreiwilligkeit und, wie er selbst sagt, Unfreiheit.

Wie bereits erwähnt, ging Hitler auch in „Mein Kampf" auf die Erziehung der Jugend ein. Hier wird ebenfalls deutlich, wie viel Wert auf Unterdrückung des Individuums gelegt wird.

---

[2] Zit. nach Wissensreise.de:
http://www.wissensreise.de/Wissensreise/Hitlerjugend/Seiten/RedeReichenberg1938-01d.html, aufgerufen am 04.03. 2013.

„Er soll lernen, zu schweigen, nicht nur, wenn er mit Recht getadelt wird, sondern soll auch lernen, wenn nötig, Unrecht schweigend zu ertragen."[3] Blinder Gehorsam, der nicht zwischen gerechter Strafe und ungerechter Behandlung unterscheidet, es vielleicht gar nicht mehr kann, ist ein weiteres Erziehungsziel Hitlers.

Hinzu kommt noch das Rasseverständnis, der Glaube an die „arische Rasse". Hitler schreibt dazu zum einen: „Seine gesamte Erziehung und Ausbildung muß darauf angelegt werden, ihm die Überzeugung zu geben, anderen unbedingt überlegen zu sein."[4] Und zum anderen:

> Die gesamte Bildungs- und Erziehungsarbeit des völkischen Staates muss ihre Krönung darin finden, dass sie den Rassesinn und das Rassegefühl instinkt- und verstandesmäßig in Herz und Gehirn der ihr anvertrauten Jugend hineinbrennt. Es soll kein Knabe und kein Mädchen die Schule verlassen, ohne zur letzten Erkenntnis über die Notwendigkeit und das Wesen der Blutreinheit geführt worden zu sein.[5]

Wenn Hitler vom „Hineinbrennen" schreibt, so ist das keine Übertreibung, wie in dieser Arbeit noch aufgezeigt wird. Klar wird hier auch, dass Hitlers Absicht darin bestand, seine Überzeugungen von „Rasse" und „Blutreinheit" absolut auf die Jugendlichen zu übertragen, so dass es ihnen nicht möglich sein würde, eine deutsche Schule zu besuchen, wozu sie ja gezwungen waren, und den nationalsozialistischen, antisemitischen Lehren zu entgehen:

> Planmäßig ist der Lehrstoff nach diesen Gesichtspunkten aufzubauen, planmäßig die Erziehung so zu gestalten, daß der junge Mensch beim Verlassen seiner Schule nicht ein halber Pazifist, Demokrat oder sonst was ist, sondern ein ganzer Deutscher. ... Dann wird dereinst ein Volk von Staatsbürgern erstehen, miteinander verbunden und zusammengeschmiedet durch eine gemeinsame Liebe und einen gemeinsamen Stolz, unerschütterlich und unbesiegbar für immer.[6]

Des Weiteren lag für Hitler die Betonung eindeutig nicht auf der Vermittlung von Wissen, sondern dem was er „das Heranzüchten kerngesunder Körper" nannte, so heißt es in „Mein Kampf":

> Der völkische Staat hat ... seine gesamte Erziehungsarbeit in erster Linie nicht auf das Einpumpen bloßen Wissens einzustellen, sondern auf das Heranzüchten kerngesunder Körper. Erst in zweiter Linie kommt dann die Ausbildung der geistigen Fähigkeiten. Hier aber wieder an der Spitze die Entwicklung des Charakters, besonders die Förderung der Willens- und Entschlußkraft, verbunden mit der Erziehung zur Verantwortungsfreudigkeit, und erst als letztes die wissenschaftliche Schulung.[7]

---

[3] Hitler. S. 459.
[4] Ebd. S. 456.
[5] Ebd. S.475f.
[6] Ebd. S. 474.
[7] Ebd. S. 452.

Zusammenfassend lässt sich festhalten, dass die Erziehungsziele, die Adolf Hitler erreicht haben wollte, blinder Gehorsam, Militarismus, Nationalismus, und die nationalsozialistische Vorstellung unterschiedlich wertiger Rassen waren. Es ist allerdings noch zu bemerken, dass es „eine partei- oder staatsoffizielle pädagogische Doktrin hat es im Nationalsozialismus nicht gegeben" hat. „Als [Hitler] 1933 an die Macht kam, waren gerade im kulturellen Bereich viele Fragen offen, und zupackende Männer wie [z.b.] Baldur von Schirach hatten gute Chancen, ihre eigenen Vorstellungen durchzusetzen."[8]

1.2. NS-Pädagogen: Ernst Krieck und Alfred Baeumler

1.2.1. Ernst Krieck

Einer der führenden Pädagogen des NS-Staates ist Ernst Krieck, der 1882 als Sohn einer Arbeiterfamilie geboren wurde und 1928 als Volksschullehrer arbeitete. Ihm „ging es vor allem um zwei Fragen: um die Konfessionalität der Volksschule und um den chancengleichen Zugang der Arbeiterkinder zur höheren Bildung." Sein erziehungswissenschaftliches Hauptwerk Philosophie der Erziehung erschien 1922 und machte ihn berühmt. In seinem Werk geht Krieck von drei Ebenen von erzieherischen Faktoren aus. Die erste, unterste, sei die unterbewusste, schreibt er:

> Die unterste Schicht erzieherischer Faktoren besteht aus den unbewußten Wirkungen, Bindungen und Beziehungen von Mensch zu Mensch. Sie bilden den Untergrund des Gemeinschaftslebens, die unmittelbarste und stärkste Bindung im organischen Gefüge.[9]

Die zweite Ebene findet laut Krieck im Zusammenleben in der Gemeinschaft statt. "Von jeglicher Verständigung zwischen Menschen [. . .] gehen auf die Beteiligten erzieherische Wirkungen aus, auch wenn diese Wirkungen weder beabsichtigt sind noch auch bewußt werden."[10] Hauptthese ist, dass diese beiden Ebenen auf die dritte die „Ebene der rational organisierten Erziehung" mit „Erziehungsabsichten, Zwecke[n] und Methoden"[11] Einfluss nehmen. „Seine wichtigste These war also, daß Erziehung ein soziales Phänomen sei, immer schon vorhanden, wo Menschen leben."[12]

Am 1. Januar 1932 tritt er in den nationalsozialistischen Lehrerbund und damit auch in die NSDAP ein. Im selben Jahr veröffentlichte er das Buch „Nationalpolitische Erziehung", das

---

[8] Giesecke. S. 3.
[9] Zit. nach Giesecke. S.37.
[10] Zit. nach ebd. S.37.
[11] Ebd. S. 38.
[12] Ebd. S. 39.

zum Leitfaden nationalsozialistischer Lehrer wurde und von dem bis 1941 80 000 Exemplare verkauft wurden. [13]

„Dieses Buch beginnt mit dem folgenreichen Satz: "Das Zeitalter der 'reinen Vernunft', der 'voraussetzungslosen' und ‚wertfreien' Wissenschaft ist beendet".

Im Unterschied zur "Philosophie der Erziehung" von 1922 war dies nun unverkennbar eine politische Kampfschrift. Und [der Autor] benennt auch die politischen Gegner: Individualismus, Liberalismus, Kollektivismus, Pazifismus - Stichworte, mit denen Krieck die parlamentarische Weimarer Demokratie und die ihr zugrunde liegende Gesellschaftsverfassung nicht mehr kritisiert, sondern verwirft. [14]

Krieck propagiert in seinem Buch eine Rückkehr zu einer Zeit noch bevor die Frauen das Wahlrecht bekamen – für ihn eine Aufspaltung der „Urdreiheit von Vater, Mutter und Kind, bekanntlich das Urbild göttlicher Dreieinigkeit"[15]

Sein Politisches Denkmuster war, wie schon die "Philosophie der Erziehung" gezeigt hatte, organologisch. Er hielt also das deutsche Volk wie jede seiner Gemeinschaften für einen überindividuellen, lebenden Organismus, der nur dann "gesund" sein könne, wenn "das Ganze" mit seinen Gliedern in produktiver Harmonie lebte. Nun aber sei der Organismus des Volkes "krank" geworden. [16]

Hatte er sich zunächst auf die Auswirkungen der Gemeinschaft auf die Erziehung konzentriert, so fand er nun einen neuen Ansatz in der „Kunst" der Nationalsozialisten – allen voran Adolf Hitler – die Massen zu begeistern, aufzurühren und zu bewegen. [17] In dieser Fähigkeit, in diesem Führerkult, sah Krieck die Hoffnung für das deutsche Volk und eine tatsächlich anwendbare Form von Pädagogik:

Der Nationalsozialismus hat also die aus den Instinkten seiner Führer in Anwendung gebrachten Elementarmittel und Methoden der Massenerregung und Massenbewegung auszubauen zu einer allgemeinen Zuchtform, einem Übungssystem, das im ganzen Volk und in den einzelnen Volksgenossen die Rassewerte weckt, die Rasseeigenschaften und das Rassebewußtsein zum Höchstmaß entfaltet, womit nicht nur die einzelnen Volksgenossen geformt, sondern auch die Volkseinheit ins Bewußtsein gehoben, also die gemeinschaftlichen Querverbindungen gefestigt werden: aus Masse wird Volk, aus Volk rassebewußte Nation mit geschlossener Macht, mit einheitlicher politischer Haltung und Willensrichtung. [18]

---

[13] Vgl. ebd. S.42.
[14] Ebd. S. 44f.
[15] Zit. nach ebd. S. 46.
[16] Ebd. S. 51.
[17] Vgl. ebd. S. 51.
[18] Ebd. S. 51f.

Erziehung durch Aufhetzung der Masse, durch Erschaffung einer einheitlichen Gruppe, durch Unterdrückung des Individuums, vereint im Irrglauben an die Überlegenheit ihrer „Rasse", für Krieck war das durchaus ein erstrebenswertes Ziel.

1933 veröffentlichte Krieck die Schrift „Nationalsozialistische Erziehung begründet aus der Philosophie der Erziehung".[19] Bemerkenswert ist, dass er nach der Machtergreifung Rektor der Universität Frankfurt und der Universität Heidelberg wurde, und zwar, ohne dass er das Abitur gemacht oder jemals studiert hätte.[20] Zusammenfassend beschreibt Giesecke Kriecks Anteil an und Einfluss auf die NS-Pädagogik, wie folgt:

> Seinen eigentlichen Beitrag zur Aufwertung der NS-Bewegung leistete Krieck durch sein Konzept der "Formations-Erziehung". SA, SS, HJ und die anderen "Formationen" der Partei konnten sich demnach als Erziehungs-Gemeinschaften verstehen - und zwar im doppelten Sinne einer Selbsterziehungsgemeinschaft und als Träger für die Erziehung anderer. Damit gab Krieck sowohl der Lagererziehung als auch der nun einsetzenden Schulungsarbeit nicht nur eine Legitimation, sondern auch eine scheinbare erziehungswissenschaftliche Grundlage. Das war nur möglich auf dem Fundament seines erweiterten Erziehungsbegriffs, vorher hätte die Pädagogik gar keine Kategorien dafür gehabt, z.B. einem Verband wie der SA, der ja als politischer Kampfverband gegründet worden war, außer vielleicht im metaphorischen Sinne eine erzieherische Funktion zuzuweisen. Krieck unterschied nicht - wie wir heute - zwischen Sozialisation und Erziehung, sondern subsumierte beides unter seinen ausgedehnten Begriff von Erziehung.[21]

1.2.2. Alfred Baeumler

Baeumler wird 1887 als Sohn eines Porzellanmachers geboren. Er studiert Kunstgeschichte, Philosophie und Ästhetik, promoviert 1914 und ist von 1915 bis 1918 österreichischer Soldat, bevor er schließlich 1919 deutscher Staatsbürger wird.[22]In die NSDAP tritt er im April 1933 ein. 1934 wird er Amtsleiter,,Amtsleiter des Amtes Wissenschaftdes Beauftragten des Führers für die Überwachung der geistigen Schulung und Erziehung der NSDAP". Er vertritt ähnliche Standpunkte wie Krieck: „Antidemokratische, antiliberale, antifeminine und antibürgerliche Ressentiments verschmelzen zu einem ideologischen Syndrom."[23]

Im Mittelpunkt steht bei Baeumler zunächst die Gemeinschaft, die „Mannschaft":

---

[19] Vgl. ebd. S. 53.
[20] Vgl. ebd. S. 53.
[21] Ebd. S. 65.
[22] Vgl. ebd. S,77.
[23] Ebd. S. 84.

Mit unserer Jungmannschaft sind wir alle angetreten, um dorthin zu marschieren, wohin der Glaube des Führers uns weist. In der feierlichen Stunde dieses Aufbruchs wollen wir uns geloben, daß der Glaube derer, denen Deutschlands Jugend anvertraut ist, niemals geringer sein soll als der Glaube der Mannschaft, die die Heimat schützt und eine Weltwende heraufführt.[24] Wieder wird die Gruppe dem Individuum übergestellt, es muss sich ihrem Willen beugen und hat mit zumarschieren, wenn marschiert wird, und zwar wo auch immer der Führer will. Führerkult und Gehorsam spielen auch hier eine Rolle.

Wer sich nicht anpassen will, wer vielleicht eine eigene Meinung oder auch nur Zweifel hat, der wird als „Meckerer" kategorisiert. Baeumler hat zu diesen Personen folgendes zu sagen:

> Der gewohnheitsmäßige Meckerer ist nicht von oben herab zu belehren oder mit humorvoller Nachsicht zu behandeln, sondern als einer, der 'draußen' stehen möchte, existenziell zu widerlegen - wenn es sein muß mit rauher Hand. In dem Augenblick, wo ein Volk um sein Dasein kämpft, hört nicht nur der Spaß, sondern auch das lächelnde Verzeihen auf. Wer meckert, läuft moralisch zum Feinde über. Nach dieser geistigen Haltung, nicht nach dem geringfügigen Anlaß ist der Meckerer zu beurteilen und zu behandeln.[25]

Was sofort auffällt ist die klare Herabstufung eines solchen „Meckerers" zum Verräter, die Hervorhebung der Schwere dieser Tat – die doch als „meckern" eigentlich eine recht harmlose Bezeichnung hat – und die Betonung ihrer Konsequenz, nämlich der totale Ausschluss. Wer meckert gehört nicht mehr dazu und hat all seine Rechte verwirkt, da er faktisch Verrat begangen hat. Der leiseste Zweifel ist ein Verbrechen an der Gemeinschaft. Außerdem schreibt Baeumler: „Was der Lehrer heute ist und was er zu tun hat, muß er sich selber aus seinem politischen Auftrag deuten."[26] Was Baeumler damit eigentlich meint, ist natürlich, dass der Lehrer, dessen poltische Überzeugung ja nur der Nationalsozialismus sein kann, eben diesen mit in den Unterricht bringen und die Schüler so immer in diese Richtung beeinflussen muss.

1.3. Erziehung von Säuglingen und Kleinkindern nach Johanna Haarer

Johanna Haarer wird im Jahr 1900 geboren.1937 tritt sie in die NSDAP ein und übernimmt das Referat der "Gausachbearbeiterin für rassenpolitische Fragen in der NS.-Frauenschaft". Ihr Buch „Die deutsche Mutter und ihr erstes Kind", das hier in Auszügen betrachtet werden soll, erscheint 1934.[27] Über die ihr vorangehende Pädagogik schreibt sie dort Folgendes:

---

[24] Zit. nach ebd. S. 85.
[25] Zitat nach ebd. S. 86.
[26] Scholtz. S. 5.
[27] Vgl. http://www.kindergartenpaedagogik.de/1268.html, aufgerufen am 06.03. 2013.

„Damals bildete sich jener Typus von Eltern und Erziehern heraus, der über dem Beobachten und Erforschen der kindlichen Seelenvorgänge, also der ‚Psychologie' die eigentliche Erziehung völlig vergaß"[28] und zeigt damit bereits in welche Richtung sie mit ihrem Ratgeber abzielt. Ganz im Sinne Hitlers propagiert Haarer eine „harte" Kindererziehung. Ihre Ratschläge für junge Mütter lauten so und ähnlich:

> Versagt auch der Schnuller, dann, liebe Mutter, werde hart. Fange nur ja nicht an, das Kind aus dem Bett zu nehmen, es zu fahren oder auf dem Schoß zu halten... Das Kind begreift unglaublich rasch, daß es nur zu schreien braucht, um eine mitleidige Seele herbeizurufen und Gegenstand solcher Fürsorge zu werden. Nach kurzer Zeit fordert es diese Beschäftigung mit ihm als ein Recht, gibt keine Ruhe mehr, bis es wieder getragen, gewiegt oder gefahren wird – und der kleine, aber unerbittliche Haustyrann ist fertig. (...) Das Kind wird nach Möglichkeit an einen stillen Ort abgeschoben, wo es allein bleibt, und erst zur nächsten Mahlzeit wieder hochgenommen.[29]

Sie verbreitet die Angst vor dem „Haustyrann", einem Kind das so verzogen ist, dass es nur simuliert und solange schreit, bis es bekommt, was es will. Der Gedanke, dass ein Kind Zuwendung brauchen könnte, kommt ihr nicht. Des Weiteren ist ihr, wie ihrem Führer, Gehorsam unglaublich wichtig: „Im Spielalter muß Gehorsam erreicht werden, und zwar der unbedingte Gehorsam ohne Ablenkung, ohne Lohn oder Versprechen und ohne Drohung mit Strafe." Schreibt sie und „niemals dulden wir, daß das Kind an unseren Anordnungen herumdeutet und mäkelt, oder daß es mault und widerspricht."[30] Die Ablehnung des „Meckerers" erinnert an Baeumler, auch hier wird kein Widerspruch geduldet, und nicht nur das, es ist eigentlich eine klare Ablehnung jeglichen Selbstdenkens, der Entwicklung einer eigenen Meinung.

Erziehung zum blinden Gehorsam, schon vom Babyalter an, ist ihr Ziel, ein Ziel, das dem Nationalsozialismus – und jedem anderen totalitären System – nur zugutekommt. Hinzuzufügen ist an dieser Stelle noch, dass die Erziehung nicht nur zwischen Mutter und Kind stattfindet, sondern bereits auf einer Ebene davor. Sogenannte Mütterschulungen gab es Deutschland schon in der Weimarer Republik, doch im NS-Staat werden diese natürlich zu Indoktrinationsstellen umfunktioniert. In den „Richtlinien des Reichsmütterdienstes" heißt es: „[Ziel ist die] Heranbildung von körperlich und seelisch tüchtigen Müttern, die überzeugt sind von den hohen Pflichten der Mutterschaft, die erfahren sind in der Pflege und Erziehung ihrer

---

[28] Haarer. S. 236.
[29] Haarer. S. 148.
[30] Ebd. S. 237.

Kinder und die ihren hauswirtschaftlichen Pflichten gewachsen sind."[31] Die Themen, die dort unter anderem behandelt werden sind „Mütterschulung und nationalsozialistische Weltanschauung,"[32] d.h. die Frauen, die dort geschult wurden, wurden gleich in der NS-Ideologie unterrichtet, somit wollte man sicherstellen, dass die Kinder in einem Systemkonformen Haushalt aufwachsen und schon die Eltern den Grundstein für die später in Schule und Jugendgruppen der Partei weiterzuführende Erziehung legten.

2. Realisierung der NS-Pädagogik

2.1. Hitlerjugend und Bund deutscher Mädel

Die Hitlerjugend entstand bereits 1926, doch erst mit der Jugenddienstpflicht wurde die Mitgliedschaft in ihr nahezu unumgänglich. Am 25. 3. 1939 wurde schließlich die Jugenddienstpflicht als 2. Durchführungsverordnung zum Hitlerjugend Gesetz von 1936 erlassen, in der es hieß:

> Alle Jugendlichen vom 10. bis zum vollendeten 18. Lebensjahr sind verpflichtet, in der Hitler-Jugend Dienst zu tun [. . . .] Mit Gefängnis und Geldstrafe oder mit einer dieser Strafen wird bestraft, wer böswillig einen Jugendlichen vom Dienst in der Hitler-Jugend abhält oder abzuhalten versucht. [. . . .] Jugendliche können durch die zuständige Ortspolizeibehörde angehalten werden, den Pflichten nachzukommen, die ihnen auf Grund dieser Verordnung und den zu ihr ergangenen Ausführungsbestimmungen auferlegt worden sind.[33]

Hiermit gehörte die Freiwilligkeit der Mitgliedschaft, um die es ja schon lange sehr schlecht bestellt war, die aber für Propagandazwecke immer eine große Rolle spielte, nun offiziell der Vergangenheit an. Zur Durchsetzung des Gesetzes verwendete die HJ Einwohnerkarteien und polizeiliche Melderegister, mit denen sie Erfassungslisten aufstellte, anhand derer Erfassungsapelle durchgeführt wurden und nach denen dann Zuweisungsappelle an die Eltern verschickt werden konnten.[34]

Pädagogisch gesehen hatte man letztendlich ein Netz entwickelt, mit dem endlich möglich war, was Hitler schon in seiner bereits zitierten Rede bekanntgab: Die lückenlose Erziehung. Kinder kommen in jungen Jahren in die HJ oder den BDM und werden von dort schnurstracks in die Partei und/oder die Wehrmacht geschleust. Doch welchen Zweck erfüllten die

---

[31] Horn. S. 38.
[32] Horn. S. 39.
[33] Zitat nach Klönne. S. 37.
[34] Vgl. Klönne. S. 38.

Jugendorganisationen genau? Zum einen nahmen sie den Eltern noch ein Stück Einfluss auf ihre eigenen Kinder, einfach schon dadurch, dass die Veranstaltungen Zeit in Anspruch nahmen, die dadurch nicht mit der Familie verbracht werden konnte. Außerdem förderte die HJ eine sozialdarwinistische Einstellung in ihren Mitgliedern. So hatte die Erziehung letztendlich zur Folge, dass der junge Mensch „sich frühzeitig daran [gewöhnt], die Überlegenheit des Stärkeren anzuerkennen und sich ihm unterzuordnen."[35] Wie man aus diesem Zitat entnehmen kann, waren Unterordnung und blinder Gehorsam ein weiteres Erziehungsziel in der Hitlerjugend. Auch diese Eigenschaft wurde als notwendig für das für die Jungen vorgesehene Soldatenleben betrachtet.

Aktiv, hart und stark – aber nur in körperlicher Hinsicht, schließlich war die „Geistesfeindlichkeit der Parteispitze"[36] relativ offensichtlich – und gehorsam, so stellte sich Hitler die perfekte deutsche Jugend vor. Das strenge Ideal sollte mit hartem Leistungsdruck erreicht werden, denn schließlich muss alles „erkämpft und erobert werden".[37]

Kurz gefasst, hatte die Erziehung in der Hitlerjugend nur ein Ziel: „Millionen von Mädeln und Jungen sollen, es ist nicht einfacher zu sagen, zu Nationalsozialisten erzogen werden."[38] Um dieses Ziel zu erreichen, wurde vor allem zuerst einmal blinder Gehorsam eingebläut. Die Jugendlichen „hatten zu glauben und auszuführen und nicht zu fragen oder gar nachzudenken."[39] Demzufolge ging es in der HJ in erster Linie nicht etwa um Wissen, sondern viel eher um die „Ausprägung eines unifizierten, normierten und somit leicht zu führenden Massentypus"[40]. Die Jungen und Mädchen in HJ und BDM sollten also zu gleichförmigen, absolut folgsamen Menschen, die das System nicht in Frage stellen können, herangezogen werden. Um das zu erreichen, war der Dienst in der Hitlerjugend im ganzen Reich grundsätzlich gleich gestaltet.[41] Die sogenannte „weltanschauliche Schulung"[42] geschah größtenteils in den Heimabenden, die einmal die Woche immer mittwochs stattfanden.[43] Für diese „Unterrichtseinheiten" wurde deutschlandweit Material, die Heimabendmappen, zur Verfügung gestellt, das die Jugendlichen dann durcharbeiten mussten. Hierfür gab es auch eine Art Lehrplan, der alters-und geschlechtsabhängig

---

[35] Ebd. S. 78.
[36] Dean. S. 33.
[37] Klönne. S. 79.
[38] Zitat nach Buddrus. S. 60.
[39] Huber. S. 76.
[40] Buddrus. S. 61.
[41] Vgl. Buddrus. S. 61.
[42] Buddrus. S. 60.
[43] Buddrus. Vgl. S. 62.

differenzierte.[44] Grob gesagt, wurden die Kinder und Jugendlichen zu Antikommunismus, Antibolschewismus, Rassismus, Antisemitismus, Nationalismus, Volksgemeinschaft und Führerkult erzogen, wobei Grundsätze aus Hitlers „Mein Kampf" herangezogen wurden.[45] In der Praxis hieß das, dass

> in ständigen Wiederholungen [. . .] wenige standardisierte Axiome, aggregierte Symbole, sakrosankte Dogmen und Verhaltensmuster, die unhinterfragt bleiben, kritiklos und „gläubig" rezipiert und verinnerlicht werden sollten [, vermittelt und abgefragt wurden.][46]

Es wurden Gedichte, Lieder und Geschichten verwendet, die die HJ Mitglieder auswendig lernen sollten, und Parolen aufgesagt. Dabei wurde darauf Wert gelegt, dass die Jugendlichen niemals abstrakt denken mussten, sondern alles, was sie zu lernen hatten, immer im Rahmen von Dingen und Situationen aus ihrem alltäglichen Leben vermittelt wurde.[47] Rassismus, Antisemitismus und Sozialdarwinismus spielten im Stundenplan eine hervorgehobene Rolle.

Um den Jugendlichen die Wichtigkeit dieser Thematiken durch die „suggerierte Vorstellung vom „Schicksalskampf des deutschen Volkes"[48] nähergebracht. Ihnen wurde vermittelt, dass sie die Aufgabe hätten, Deutschland von „Krüppeln, Verbrechern und Judenbastarden"[49] zurückzuerobern.

Als die „drei Hauptgefahren der völkischen Existenz" wurden „Rassenmischung, Volkstod durch Geburtenrückgang und Bedrohung durch die Asozialen"[50] aufgezählt. Diese sollten die Angehörigen der Hitlerjugend, deren „Arier"-Bewusstsein die HJ stärken wollte[51], bekämpfen. Wichtig war es deswegen, dass die Jugendlichen in der HJ Zusammenhalt erfahren sollten und sich schließlich nur noch über ihre Leistungen in der Organisation definieren konnten.[52] Was den Jugendlichen schließlich tatsächlich beigebracht wurde beschränkte sich letztendlich auf Vererbungslehre (wobei sie hier ein durchweg rassistisches Bild vermittelt bekamen und so z.B. lernen sollten die „Merkmale der Rassen" durch gegenseitiges Betrachten zu erkennen[53].) Die Thematiken, die durchgenommen wurden, unterschieden sich je nach Geschlecht der Kinder. Für Jungen standen „Kampf und Auslese –

---

[44] Vgl. Buddrus. S. 63.
[45] Vgl. Buddrus. S. 62.
[46] Buddrus. S.64.
[47] Vgl. Buddrus. S. 60ff.
[48] Buddrus. S. 65.
[49] Buddrus. S. 70.
[50] Buddrus. S. 73.
[51] Vgl. Buddrus. S. 64.
[52] Vgl. Buddrus. S. 61.
[53] Vgl. Buddrus. S.70f.

Gesetz allen Lebens", „Blutsgemeinschaft Volk", „Haltet euer Blut rein", „Das deutsche Volk muss wachsen" und ähnliche Themen auf dem Plan.

Mädchen dagegen lernten mehr zum Thema Abstammung („Wir wahren die Reinheit des Blutes"). [54] Hier zeigt sich, wie die Geschlechterrollen sich unterschieden. Jungen wurden auf die Ausmerzung „minderwertiger Rassen" gedrillt, während Mädchen primär angehalten wurden Kontakt zu Nicht-Ariern zu vermeiden. [55]

Ein weiterer übergreifender Aspekt des Systems war auch das Konzept, dass „Jugend von Jugend geführt" [56] werden sollte. Die Umsetzung dessen kann man schon am Reichsjugendführer von Schirach und seinem Nachfolger Axmann erkennen, von denen keiner bei seiner Ernennung das 30. Lebensjahr erreicht hatte. Dahinter steckte wohl eine ähnliche Intention wie bei den aus dem Leben gegriffenen Lehrmethoden. Man wollte den Jugendlichen Führer vorsetzen, mit denen sie sich identifizieren konnten, und zu denen sie leichter eine Beziehung aufbauen konnten, und die somit so etwas wie einen Gegenpol zu Lehrern und Eltern bildeten.

Im Endeffekt ist es sicher nicht falsch die Hitlerjugend als „wichtigste vormilitärische Sozialisationsinstanz"[57] zu bezeichnen und ihren Zweck so zusammenzufassen, wie Kathrin Kollmeier es tut, wenn sie schreibt:„Durch Diensthinhalte und Werte vermittelt, geprägt durch Logik und Symbole des Militärs, wurde in der Jugendorganisation die Sozialisation in die Diktatur vollzogen und die Solidarität innerhalb der „arischen" Gesellschaft erprobt."[58]

2.2. Schule im 3. Reich

Das Schulsystem wurde anfangs von der Weimarer Republik übernommen und so war im Jahr 1933 noch keine länderübergreifende, einheitliche Bildungspolitik vorhanden. 1934, am 1.5., wurde schließlich das "Reichsministerium für Wissenschaft, Erziehung und Volksbildung" (REM) eingerichtet und von Bernhard Rust, einem ehemaligen Studienrat, der gleichzeitig preußischer Kultusminister war, übernommen. [59] „Durch das "Gesetz zur Neuordnung des Reiches" (30.1.34) wurden die bisherigen Rechte der Länder weitgehend ausgeschaltet; sie konnten nur noch insoweit tätig werden, als das Reich keine Verfügungen erließ."[60] Wichtige

---

[54] Vgl. Buddrus. S. 74.
[55] Vgl. Buddrus. S. 75.
[56] Dearn. S. 28.
[57] Kollmeier. S. 59.
[58] Kollmeier. S. 59.
[59] Vgl. Giesecke. S. 125f.
[60] Giesecke. S. 126.

Veränderungen, was den Lehrplan betraf, wurden erst spät – im Jahre 1937 – in reichseinheitlichen Richtlinien verankert. Diese betrafen vor allem den Geschichtsunterricht – der vorher, je nach Bundesland, teilweise unterbrochen und durch einen Kurs zur „nationale[n] Revolution" ersetzt wurde. Der Geschichtsunterricht stellte einen besonders wichtigen Punkt dar und musste demzufolge völlig neu gestaltet werden:

> Geschichtsunterricht bedeutete von nun an Betrachtung der deutschen Geschichte bzw. der Geschichte der nordischen Rasse. Der gesamte Geschichtsverlauf wurde zur Exempelsammlung für ihren Wert und ihre Bedeutung. Als bestimmender Faktor alles Geschehens wurde neben der rassischen Substanz nur noch die Führerpersönlichkeit anerkannt. Das pädagogische Ziel dieser Art der Geschichtsbetrachtung wurde mit 'Weckung einer begeisterten, heldischen Weltanschauung, planmäßige Förderung des Wehrgedankens und Rassebewußtseins' umrissen. Der Stoff konzentrierte sich zunächst in der Urgeschichte bei der Entstehung der Rassen. Über den Nachweis der politischen und kulturellen Bedeutung nordischer Völker in allen Kulturen des Altertums ging der Weg zur Erkenntnis, daß Rassenmischung zum Kulturverfall führe (Spätantike). Die rassenreinen, germanischen Völker traten als Gegenbild zu den degenerierten Südländern auf. Völkerwanderung, Italienpolitik und Kreuzzüge wurden zu sinnlosen Blutverlusten der hochwertigen Rasse, die Ostsiedlung zur Erweiterung ihres Lebensraumes. Nach den unter 'Niedergang und Auflösung' geführten Zeiten wandte sich die Aufmerksamkeit dem heroischen Aufstieg Preußens zu. Der 'Preußengeist' erschien als eine neue Ausformung des echten deutschen Wesens. Nach dem Zeitalter der Revolution rettete dann Bismarck Deutschland und führte es zu Einheit und Größe. Den gigantischen Aufstieg Deutschlands - so setzte sich diese Betrachtungsweise fort -, der nun auf allen Lebensgebieten einsetzte, neideten uns 'die Erbfeinde', die Deutschland systematisch einkreisten, bis es dann im Ersten Weltkrieg gegen eine Welt von Feinden in heldenmütigem Kampf unterlag, zwar unbesiegt im Feld, doch zu Boden geworfen durch den Dolchstoß der marxistischen Revolution. Vom Diktat von Versailles mit seinen demütigenden und ausbeuterischen Bedingungen, von der Herrschaft des volksfremden Parteienstaates erlöste Hitler Deutschland.[61]

Es wird hier deutlich, wie Hitlers Erziehungsziele umgesetzt werden. Nationalstolz soll in den Schülern geweckt werden und, um dies zu erreichen, werden historische Ereignisse und Zusammenhänge verdreht dargestellt, damit Deutschland in einem neuen Glanz erstrahlen kann. Auch der Führerkult wird unterstützt, indem Hitler als Erlöser Deutschlands präsentiert wird. Die Rassenkunde wird ebenfalls eingeführt und wurde auch in anderen Fächern, allen voran natürlich Biologie, aber auch in Deutsch, Geschichte und Erdkunde. Außerdem gewann der Sportunterricht an Wichtigkeit: „ Die Turnstunden wurden auf drei, später auf fünf erhöht. Auch Boxen wurde wie Fußball und Geländesport in die "Leibesübungen" aufgenommen. Die sportliche Leistungsfähigkeit spielte bei Aufnahme- und Abschlußprüfungen eine immer größere Rolle." Ganz Hitlers Ideal der deutschen Jugend entsprechend und auch nützlich zur

---

[61] Zit. nach Giesecke. S. 128f.

Vorbereitung auf den Krieg. Wie allgegenwärtig nationalsozialistische Inhalte in allen Fächern waren und wie sehr man darauf bedacht war, den Stoff tatsächlich in die Köpfe der Kinder „hineinzubrennen" zeigt sich zum einen an dieser Aussage über den Biologieunterricht von Paul Brohmer:

> Immer wieder muß im Unterricht betont werden, daß die biologischen Gesetze, die man an Tieren und Pflanzen ermittelt hat, auch für den Menschen gelten, daß man also die Erkenntnisse, die man z.b. über die Vererbungserscheinungen bei diesen Lebewesen erarbeitet hat, in allgemeiner Weise auf den Mensch übertragen kann.[62]

Besonders der Antisemitismus wurde von den Nationalsozialisten zum Unterrichtsinhalt. So sollten die Kinder lernen, dass und wie man Juden auf der Straße erkennen kann:

> Die Juden laufen anders wie wir. Sie haben Senkfüße. Ihre Körperhaltung ist eine andere wie die unsrige. Ihre Haare, ihre Augen, ihre Augenbrauen sind anders wie die unsrigen. Sie haben längere Arme wie wir. Sie reden anders wie wir.[63]

Und man verwendet diese unterstellte „Andersartigkeit" letztendlich dazu, auf die Legitimierung der Verfolgung der Juden hinzuarbeiten, sie den Kindern schon in der Schule als faktisch nachweisbar einzurichtern:

> Wir müssen dem Kinde klar machen, daß in der uns sofort als fremd auffallenden Erscheinung des Juden eine Seele ihren Sitz hat, die in allen ihren Regungen und Äußerungen von unserer Seele grundverschieden ist.[64]

Hierbei scheut man sich nicht von der Pseudo-Wissenschaft der Rassenkunde abzuweichen und mit irrationalen Begriffen wie „Seele" zu arbeiten. Auf der Ebene der Religion argumentiert man ebenfalls: „Tief brennt sich in die Seele der Kinder die Erkenntnis ein: Die Juden sind die Christusmörder."[65]

Dass sogar der Mathematikunterricht zur Festigung der nationalsozialistischen Ideologie verwendet werden kann und wurde, sieht man an dieser Aufgabe aus einem Rechenbuch von 1936: „Der Bau einer Irrenanstalt kostet etwa 6 Mill. RM. Wieviel Familien könnten dafür eine Wohnung erhalten?" [66]

Zur Haltung des Lehrers beim Vermitteln dieses Stoffes galt des Weiteren folgendes:

> Bei den im engeren Sinne erziehlich wirkenden, insbesondere den nationalpolitischen Stoffen hat sich der Lehrer davor zu hüten, ihre Gesinnung und Willen bildende Wirkung durch Zerreden, Zerfragen, abstrakte Lehre oder gedächtnismäßigen Drill abzuschwächen oder zu vernichten. Die freudige

---

[62] Zit. nach Mosse. S. 123.
[63] Fink. S.16.
[64] Fink. S. 18.
[65] Fink. S. 26.
[66] Zit. nach Flessau. S. 200.

Bejahung der nationalsozialistischen Weltanschauung durch den Lehrer und sein überzeugendes Vorbilde sind für die erfolgreiche Vermittlung der nationalpolitischen Stoffe entscheidend. Das klare, begeisternde Lehrerwort wird als schlicht-anschauliche Erzählung und Darstellung von besonderer Wirkung sein.[67]

In all dem drückt sich deutlich die Grundsatzerklärung des Ministeriums für einzelne Schularten ab 1938 aus: „die nationalsozialistische Weltanschauung ist nicht Gegenstand oder Anwendungsgebiet des Unterrichts, sondern sein Fundament"[68]. Dementsprechend gab es auch kein eigenständiges Fach Politik, denn „Nationalsozialismus [versteht] alle Erziehung als politische Erziehung."[69]

Zusammenfassend kann man sagen, dass die Schule und der Unterricht im NS-Staat vollkommen darauf ausgelegt waren, die Schüler zu Nationalsozialisten im Sinne Hitlers zu erziehen. Um dies zu erreichen, wurde sichergestellt, dass nationalsozialistische Inhalte alle Fächer dominierten, selbst jene, die an sich wenig mit Ideologien vereinbar sind, wie die Mathematik. So konnten die Schüler dem nationalsozialistischen Gedankengut nicht entkommen und wurden praktisch ständig davon beeinflusst. Antisemitismus wurde so selbstverständlich – mithilfe pseudo-wissenschaftlicher Rassekunde oder religiös-mythischen Appellen – unterrichtet wie jedes andere Fach auch.

III. Schluss

Liefert die Pädagogik nun eine Erklärung für die Verbrechen des Dritten Reiches? Hierauf muss man ganz klar „Nein" antworten. Es zeigt sich in den hier aufgeführten pädagogischen Theorien und Methoden nur, wie man vorhatte das bestehende System aufrecht zu erhalten. Nur dazu konnte die Erziehung einen Beitrag leisten, denn die Menschen, die nach der Machtergreifung in Deutschland lebten und das Dritte Reich aufbauten, waren natürlich nicht so erzogen worden, wie es Hitler und seinen Theoretikern vorschwebte, sondern wuchsen in „normalen" Elternhäusern auf und gingen während der Weimarer Republik auf „normale" Schulen.[70] Hermann Giesecke schreibt hierzu außerdem:

Und wie steht es mit der NS-Erziehung selbst? Das Nürnberger Tribunal hat die

---

[67] Zit. nach Giesecke. S. 131.
[68] Scholtz. S. 3.
[69] Dithmas. S. 259.
[70] Vgl. Giesecke. S. 282.

HJ-Erziehung freigesprochen von dem Verdacht der Kriegsvorbereitung; Schirach mußte nicht wegen seiner HJ ins Spandauer Gefängnis. Und die Richtlinien für die Schulen im Nationalsozialismus zielten zwar auch auf Selbstrechtfertigungen des Regimes, auf mancherlei Indoktrination, auf rassische Verfälschung von Sachverhalten, aber eine Anleitung zur politischen Kriminalität läßt sich daraus nicht ablesen. Weder die Schule noch der außerschulische kultische Mummenschanz haben vermocht, das deutsche Volk kriegslüstern zu machen. Selbst das verbreitete antisemitische Ressentiment konnte nicht von selbst undfolgerichtig in die neue Qualität des planmäßigen Völkermordes umschlagen. Der Glaube, durch Erziehung könne so etwas verhindert werden, mag denen schmeicheln und sie wichtig machen, die diesem Geschäft ihre Profession verdanken, aber er führt am Kern des Problems vorbei.[71]

Es mag sein, dass der Pädagogik und den Pädagogen an sich keine direkte Schuld zuzusprechen ist, was allerdings eine streitbare These ist, denn immerhin steht heutzutage eine Strafe auf Volksverhetzung, und das sicher nicht ohne Grund – aber, um auf die Pädagogen der Zeit zurückzukommen, so kann man ihren Vorgehensweisen nicht völlig die Effektivität absprechen. Immerhin wurde ein Staat geschaffen, in dem es nicht möglich war sich der Indoktrination, die konsequent im Unterricht und in der Freizeit der Jugendlichen und Kinder durchgeführt wurde, zu entziehen. Welche Auswirkungen diese am Ende auf diese Generation gehabt hätte, kann man heute nicht klar sagen, da der NS-Staat 1945 sein Ende fand und danach jeglicher Nationalsozialismus aus den Klassenzimmern verbannt und re-education betrieben wurde. Die Frage ist allerdings, ob, hätten die Alliierten Deutschland nicht befreit, es, selbst im Angesicht des Holocausts, jemals zu einer Revolution von unten gekommen wäre. Ob eine Generation, die von Kindesbeinen an so erzogen wurde, überhaupt zu einer Revolution fähig gewesen wäre.

---

[71] Giesecke. S. 281f.

IV. Bibliographie

Buddrus, Michael. *Totale Erziehung für den totalen Krieg*. K.G. Sauer: München, 2003.

Dearn, Alan. *Die Hitlerjugend. 1933-1945*. Brandenburgisches Verlagshaus: Königswinter, 2012.

Dithmas, Reinhard (Hrsg.). *Schule und Unterricht im Dritten Reich*. Luchterhand: Neuwied, 1989.

Fink, Fritz : *Die Judenfrage im Unterricht*. Nürnberg, 1937.

Flessau, Kurt-Ingo: *Schule der Diktatur. Lehrpläne und Schulbücher des Nationalsozialismus*. Fischer: Frankfurt am Main, 1979.

Giesecke, Hermann. *Hitlers Pädagogen*. Juventa: Weinheim/München, 1999.

Haarer, Johanna. *Die deutsche Mutter und ihr erstes Kind*. Lehmann: München, 1934.

Hitler, Adolf. *Mein Kampf*. Eher: München, 1941.

Horn, Klaus-Peter: „Immer bleibt deshalb eine Kindheit im Faschismus eine Kindheit – Erziehung in der frühen Kindheit". In: *Erziehungsverhältnisse im Nationalsozialismus. Totaler Anspruch und Erziehungswirklichkeit*. Horn, Klaus-Peter und Jörg-W. Link (Hrsg.). Klinkhardt: Kempten, 2011. S. 29-56.

Huber, Karl-Heinz. *Jugend unterm Hakenkreuz*. Ullstein: Frankfurt a. M., 1986.

Klönne, Arno. *Jugend im Dritten Reich. Die Hitlerjugend und ihre Gegner*. Eugen Diedrichs Verlag: Düsseldorf, 1982.

Kollmeier, Kathrin: „Erziehungsziel Volksgemeinschaft – Kinder und Jugendliche in der Hitler-Jugend". In: *Erziehungsverhältnisse im Nationalsozialismus. Totaler Anspruch und Erziehungswirklichkeit*. Horn, Klaus-Peter und Jörg-W. Link (Hrsg.). Klinkhardt: Kempten, 2011. S. 59-76.

Mosse, George L. *Der nationalsozialistische Alltag*. Hain: Frankfurt/Main, 1993.

Ortmeyer, Benjamin. *Mythos und Pathos statt Logik und Ethos: zu den Publikationen führender Erziehungswissenschaftler in der NS-Zeit: Eduard Spranger, Herman Nohl, Erich Weniger und Peter Petersen*. Beltz: Weinheim, 2009.

Scholtz, Harald: „Schule unterm Hakenkreuz" In: *Schule und Unterricht im Dritten Reich.* Dithmas, Reinhard (Hrsg.). Luchterhand: Neuwied, 1989. S. 1-20.

Onlinequellen:

http://www.kindergartenpaedagogik.de/1268.html, aufgerufen am 06.03. 2013.

Süddeutsche.de: http://www.sueddeutsche.de/thema/NPD-Verbotsverfahren, aufgerufen am 05.03. 2013.

Wissensreise.de:

http://www.wissensreise.de/Wissensreise/Hitlerjugend/Seiten/RedeReichenberg1938-01d.html, aufgerufen am 04.03. 2013.